Dieses Buch gehört:

WAS IST WAS

Erstes LESEN

Christina Braun

Vulkane

Regenwald

TESSLOFF

WAS IST WAS Erstes LESEN

Christina Braun

Vulkane

TESSLOFF

Hallo!

Ich heiße Rico
und ich bin ein Fischadler.
Ach ja, und ich bin ein Vulkan-Experte!
Kommst du mit mir auf eine Reise
um die Welt? Unterwegs erzähle ich dir viele
spannende Dinge über Vulkane.

Wusstest du, dass es auf der Erde
etwa 1 500 aktive Vulkane gibt?
Und kennst du eigentlich
den Unterschied zwischen
Magma und Lava?
Hier gibt's die Infos –
los geht's!

Inhalt

Der Tungurahua
in den Anden
von Ecuador.

Was sind Vulkane?

Ein Vulkan bricht aus

Schon seit Stunden erschüttern
kleine Erdbeben die Gegend.
Die Vögel sind verstummt.
Alles ist ruhig.

Auf einmal hört man
eine gewaltige Explosion.
Über der Spitze des Vulkans
erscheint eine riesige, graue Wolke.
Steine und Asche regnen herab.

Der Vulkan bricht aus!

Der Vulkan schleudert eine riesige Wolke aus Asche, Gas und Steinen in den Himmel.

Was ist passiert?

Im Vulkan ist in einem Schacht
Magma nach oben gestiegen.
Magma ist flüssiges Gestein aus der Erde
und es ist sehr, sehr heiß.

Im Inneren des Vulkans
befindet sich auch Grundwasser.
Wenn nun das Wasser
mit dem Magma zusammentrifft,
verdampft es blitzartig.
Es kommt zu einer gewaltigen Explosion.
Steine, Asche und Staub werden
nach außen geschleudert.

Im Inneren des Vulkans

In vielen Teilen der Welt gibt es Vulkane.
Sie sehen von außen zwar unterschiedlich aus.
Aber alle Vulkane sind ähnlich aufgebaut.

Im Inneren des Vulkans reicht ein Schacht
tief hinunter bis zur Magmakammer.
Das ist der Schlot.

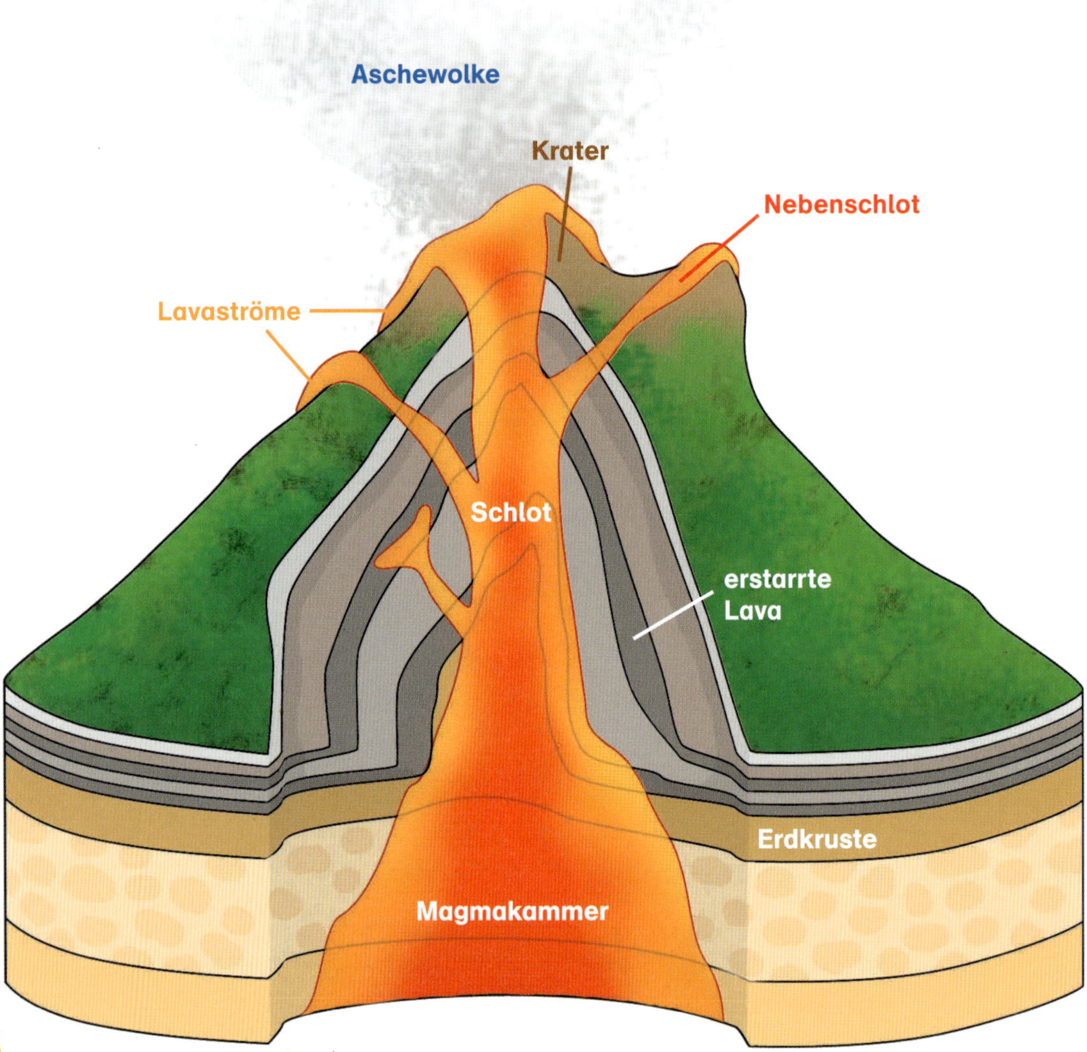

Glühend heiße Lava fließt ins Meer.

Wenn sich im Vulkan
genug Druck aufbaut,
steigt das flüssige Magma
bis ganz nach oben und fließt hinaus.

Die Magmaströme fließen nicht immer nur durch den Hauptschlot aus. Manchmal kommen sie auch durch Nebenschlote an die Oberfläche.

Wenn Lava abkühlt, entstehen feste braune, graue oder schwarze Steine. Nur flüssige Lava leuchtet rot.

An manchen Stellen fließt das Magma gar nicht aus dem Vulkan heraus. Es erstarrt schon im Inneren zwischen den Gesteinsschichten.

Hast du gewusst ...

... dass Magma und Lava eigentlich das Gleiche sind? Magma heißt das flüssige Gestein im Inneren der Erde. Wenn es bei einem Vulkanausbruch an die Oberfläche der Erde fließt, nennt man es Lava.

Tief in der Erde

Aus den meisten Vulkanen fließt
bei einem Ausbruch flüssiges Gestein.
Es kommt aus dem Inneren der Erde.
Die Erde besteht nämlich aus drei Schichten
von festem und flüssigem Gestein und Metall.

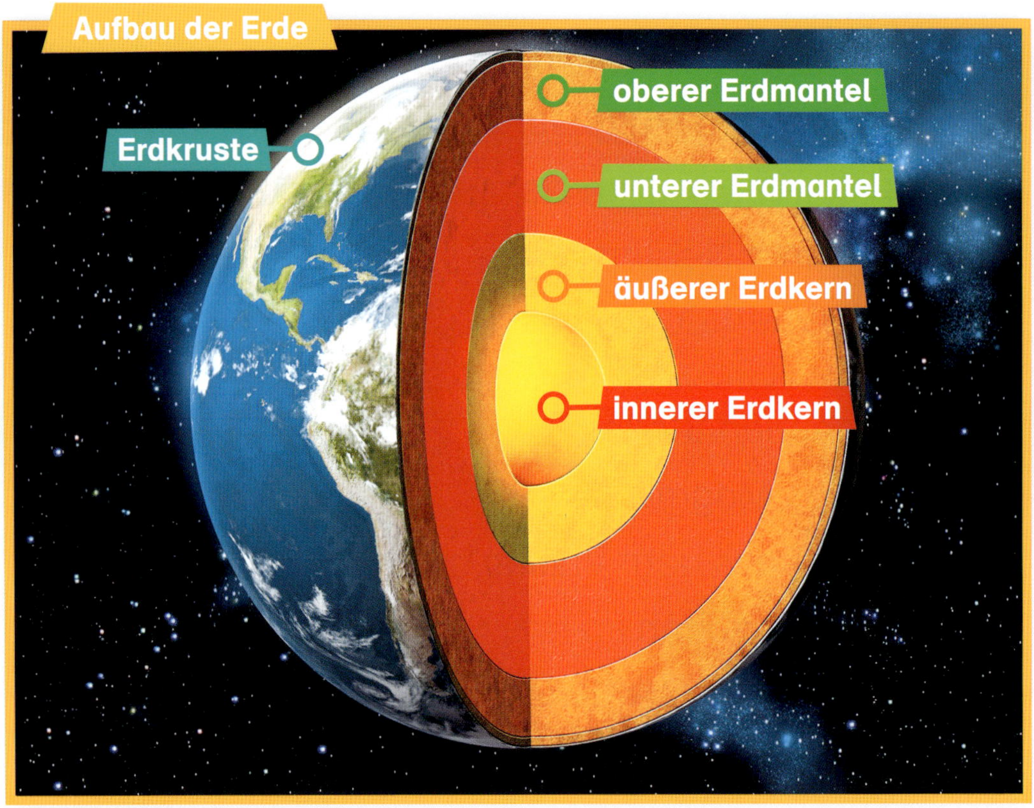

Je tiefer man in die Erde gräbt,
umso heißer wird es.
Schon in 200 Kilometern Tiefe
ist es etwa 1 500 Grad Celsius heiß.

Erdkruste

Die Erdkruste umgibt die Erde wie eine Haut.
Sie ist im Vergleich zum Rest sehr dünn.
Stell dir die Erde wie einen Apfel vor.
Die Erdkruste wäre dann die Apfelschale.
Die Kruste hängt aber nicht zusammen,
sondern besteht aus einzelnen Platten.

Erdmantel

Der Erdmantel ist die dickste Schicht.
Das Gestein ist fest.
Nur in der Nähe der Erdkruste
ist das Gestein zähflüssig wie Honig.
Darauf bewegen sich die Platten der Erdkruste.

Erdkern

Der Kern der Erde ist etwa
doppelt so groß wie der Mond.
Der äußere Erdkern besteht
aus glühend heißen, flüssigen Metallen.
Darin dreht sich der innere Erdkern,
eine riesige, heiße Metallkugel.

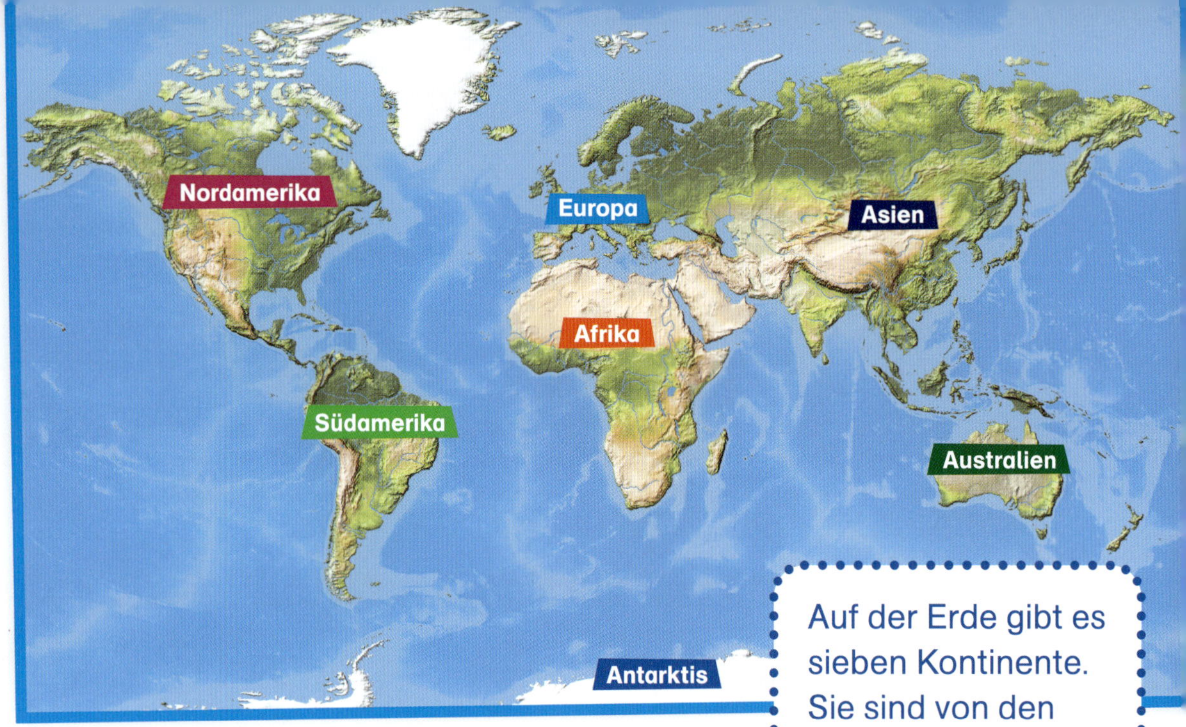

Auf der Erde gibt es sieben Kontinente. Sie sind von den Ozeanen umgeben.

Unter der Oberfläche

Unsere Erde wird der Blaue Planet genannt.
Denn über 70 Prozent ihrer Oberfläche
sind von Wasser bedeckt.
Der Rest besteht aus den Kontinenten.
Auf einem davon lebst du.

Würde jemand das gesamte Wasser
in den Meeren ablassen,
könntest du ein Puzzle
aus verschiedenen Erdplatten sehen.
Denn die Erdkruste besteht
nicht aus einem Stück,
sondern aus mehreren Teilen.

Schwimmende Platten

Alle Erdplatten schwimmen
auf einer zähflüssigen Schicht
oben auf dem Erdmantel.
Sie sind ständig in Bewegung.
Sie treiben aufeinander zu
oder voneinander weg.

Dadurch können Risse oder Spalten
in der Erdkruste entstehen.
Aus diesen Rissen und Spalten
oder an den Rändern der Erdplatten
kann Magma aus dem Erdinneren aufsteigen.

So entstehen auf dem Land
und auf dem Meeresboden Vulkane.

Island liegt genau auf der Grenze zweier Erdplatten. Deshalb gibt es hier viele aktive Vulkane.

Vulkane der Welt

Die meisten Vulkane der Welt
gibt es an den Plattengrenzen.
Rund um den Pazifischen Ozean
liegen auf einer hufeisenförmigen Linie
besonders viele Vulkane.
Diese Linie nennt man Ring of Fire.
Das bedeutet Feuerring.

Ganz schön aktiv!

Auf der Welt gibt es etwa
1500 aktive Vulkane.
Das sind diejenigen,
die in den letzten 10 000 Jahren
ausgebrochen sind.

Vulkan-Formen

Forscher teilen Vulkane
in verschiedene Gruppen ein.
Sie unterscheiden sie nach ihrer Form.

Ein **Schildvulkan** ist flach und gewölbt. Er sieht aus wie der Schild eines Ritters. Aus ihm fließt sehr dünnflüssige Lava. Sie verbreitet sich schnell und weit und bildet eine flache Erhebung. Schildvulkane sind eher harmlos.

Schildvulkan

Der Mauna Kea auf der Insel Hawaii.

Schichtvulkan

Der Mayon auf den Philippinen.

Einen **Schichtvulkan** erkennt man leicht an seiner steilen, kegeligen Form. Er besteht aus mehreren Schichten von Lava und Asche. Meist bricht er in einer Explosion aus. Die zähflüssige Lava erstarrt schnell. So kann sich der typische Kegel bilden. Schichtvulkane sind schon wesentlich gefährlicher.

Der Vulkan Nemrut in der Türkei hat eine besonders große Caldera.

Eine **Caldera** ist ein meist riesiger Krater.
Er sieht aus wie ein Kessel.
Unter diesem Vulkan befindet sich eine sehr, sehr große Magmakammer.
Stell dir nun vor, das Magma schießt in kurzer Zeit aus dem Vulkan heraus.
Dann bleibt ein hohler Raum zurück.
Die Decke darüber wird zu schwer und stürzt ein.
So entsteht ein großer Krater.

Ein **Spaltenvulkan** kann mehrere Kilometer lang sein.
Die Lava tritt hier aus einem Riss oder einer Spalte in der Erdkruste aus.
Es bilden sich mehrere Vulkankegel.
Sie liegen alle auf einer Linie.

Die Laki-Krater liegen im Süden Islands.

Gas, Dampf und Wasser

In den vulkanischen Gebieten unserer Erde kann man aber noch mehr spannende Dinge beobachten.

Achtung, heiß! Eine Fumarole auf Island dampft vor sich hin.

Tief in der Erde kann das Magma zum Beispiel das Grundwasser erhitzen. Dann tritt heißer Wasserdampf aus Spalten im Boden aus, gemischt mit vulkanischen Gasen. Diese zischenden und dampfenden Stellen nennt man Fumarolen.

Heiße Quellen

Wenn große Mengen Grundwasser
vom brodelnden Magma erwärmt werden,
kann man manchmal sogar darin baden.
Es bilden sich Thermalquellen
wie die Blaue Lagune auf Island.
Auf seinem Weg nach oben
löst das warme Wasser
Mineralien aus dem Gestein.
Dann bekommt das Wasser
eine ganz besondere Farbe.

Blaue Lagune

Hüpfendes Wasser

Manchmal kann das heiße Wasser
nicht sofort an die Oberfläche.
Es sammelt sich in der Tiefe und wird heiß.
Dann schießt es mit einem
ungeheuren Druck nach oben.
Das nennt man Geysir.

Geysir Strokkur

Hotspots – heiße Punkte

Vulkane entstehen aber nicht nur
an den Grenzen der Erdplatten.
An besonders heißen Stellen
dringt das Magma manchmal
einfach so bis an die Erdkruste vor.
Es ist so heiß, dass es die Erdkruste öffnet.
Auf Englisch heißen diese Punkte Hotspots.

Die Inselkette von Hawaii ist
durch einen Hotspot entstanden.
Alle Inseln bestehen hier
aus vulkanischem Gestein.

Schwarzes Vulkangestein
auf den Hawaii-Inseln.

Ricos Lesequiz

1 Wie nennt man das flüssige Gestein im Erdinneren?

a) Magnum

b) Magma

c) Manta

2 Wie ist unsere Erdkruste aufgebaut?

a) Sie besteht aus einzelnen Platten.

b) Sie besteht nur aus einem Stück.

c) Sie ist zähflüssig.

3 Wie nennt man die Wasserfontänen, die unter Druck hoch in die Luft schießen?

a) Geisire

b) Geysiere

c) Geysire

Lösung: 1b), 2a), 3c)

Die Vulkane
Batok, Bromo und Semeru
auf der Insel Java.

Berühmte Vulkane

Der Vesuv

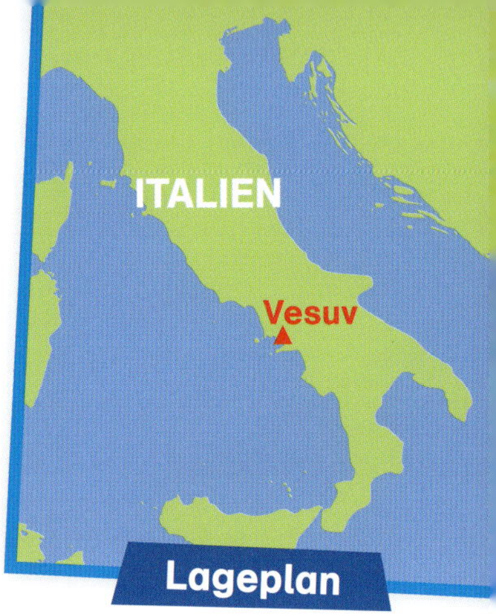

Einer der berühmtesten Vulkane in Europa ist der Vesuv. Er ist ein Schichtvulkan und immer noch aktiv.

Berühmt wurde er durch seinen Ausbruch vor fast 2000 Jahren: am 24. August im Jahr 79. Dabei wurde die römische Stadt Pompeji komplett begraben.

Das letzte Mal ist der Vesuv im Jahr 1944 ausgebrochen. Seit dieser Zeit ist er ruhig.

Am Fuße des Vesuvs kann man die Ausgrabungen der Stadt Pompeji besichtigen.

Paradies für Archäologen

Einen ganzen Tag lang regneten Asche und Gesteinsbrocken auf die Stadt herab. Der Ascheregen begrub auch über 3000 Menschen unter sich.

Später haben Forscher begonnen, Pompeji Schicht für Schicht wieder auszugraben. Dabei haben sie eine Menge über den Ausbruch des Vesuvs erfahren. Und sie haben viel über das Leben der Menschen in Pompeji gelernt.

Dieser Mann wurde vom Ausbruch des Vesuvs überrascht.

Mount St. Helens

Der Mount St. Helens war viele Jahre lang
ein ruhiger und friedlicher Vulkan.
Das änderte sich im Jahr 1980.
Forscher bemerkten, dass die Erde
häufiger und stärker bebte als sonst.
Die Nordseite des Berges
wölbte sich immer mehr.
Denn im Vulkan stieg Magma nach oben.

Am 18. Mai kam es dann
zu einer riesigen Explosion.
Der Gipfel und die Nordwand brachen weg.
Gesteinsbrocken schossen durch die Luft,
zum Teil mit Überschallgeschwindigkeit.

Mount St. Helens 1980

Nach dem Vulkanausbruch
ist am Mount St. Helens
ein riesiger Krater
übrig geblieben.

Heiße Lavaströme

Die Lava floss in Strömen
den Berg hinab.
Die Masse hatte
eine Geschwindigkeit
von bis zu 250 Kilometern pro Stunde.
Über zehn Millionen Bäume knickten um
und viele Pflanzen und Tiere starben.

Über 30 Jahre später

Heute leben wieder Tiere
rund um den Mount St. Helens.
Und auf der fruchtbaren Vulkanerde
wachsen die Pflanzen besonders gut.
Bald wird man nichts mehr
von dem Vulkanausbruch sehen.

Vulkaninsel Island

Island ist die größte Vulkaninsel der Welt.
Sie liegt ganz im Norden Europas,
mitten auf dem Mittelatlantischen Rücken.
Das ist ein riesiges Gebirge
auf dem Meeresgrund.
Hier treffen die Nordamerikanische
und die Eurasische Platte aufeinander.

Vor über 20 Millionen Jahren
ist Island entstanden, als Magma
aus dem Meeresboden aufgestiegen ist.
Heute erwärmt das Magma unter der Insel
die vielen Geysire und Thermalquellen.

Auf Island treffen die Eurasische und die Nordamerikanische Platte aufeinander.

Eyjafjallajökull

Wegen der Aschewolke des Eyjafjallajökulls durften in Europa sogar keine Flugzeuge starten.

Ein Zungenbrecher

Auf Island gibt es noch aktive Vulkane.
2010 wurde ein Vulkan sehr berühmt.
Sein Name ist ein echter Zungenbrecher.
Der Eyjafjallajökull ist ein Gletscher.
Darunter liegt der Vulkan, der ebenfalls
Eyjafjallajökull heißt.

Als der Vulkan im März 2010 ausbrach,
brachte die heiße Lava
das Gletschereis zum Schmelzen.
Das Wasser strömte in den Krater,
verdampfte und schleuderte dabei
eine riesige Aschewolke in den Himmel.

1963 entstand ...

... die Vulkaninsel Surtsey.

Die Insel Surtsey ist Teil eines Vulkans im Meer. Der Rest des Vulkans liegt unter Wasser.

Eine Insel entsteht

Vulkane sind sehr zerstörerisch.
Sie können aber auch für neues Leben sorgen.
Im November 1963 wunderten sich Fischer vor Island über den Geruch von faulen Eiern.
Kurz darauf sahen sie dunkle Rauchwolken aus dem Wasser aufsteigen.

Was war passiert?
Auf dem Meeresboden war ein Vulkan ausgebrochen.
Er war schon 130 Meter hoch gewachsen.
Doch unter Wasser hatte ihn keiner bemerkt.

Nach einem Monat gab es eine neue Insel: Surtsey.
Sie war 150 Meter hoch.

Mit der Zeit haben viele Tiere und Pflanzen Surtsey erobert.

Erste Bewohner

Nachdem die Lava auf Surtsey erkaltet war,
wuchsen die ersten Pflanzen auf der Insel.
Moose und Flechten setzten sich fest.
Dann kamen erste Insekten
wie Schmetterlinge, Käfer und Fliegen.

Nach den Pflanzen und Insekten
kamen die ersten Vögel auf die Insel.
Und mit ihnen neue Samen
und weitere Tiere.
50 Jahre nach dem Vulkanausbruch
ist aus dem kahlen Hügel
ein Paradies geworden.

Hast du gewusst ...

... dass es ein Gas gibt, das nach faulen Eiern riecht? Es heißt Schwefel. Oft tritt es bei Vulkanausbrüchen aus der Erde aus. Manchmal riechen auch Thermalquellen unangenehm nach Schwefel.

Der Yellowstone-Nationalpark

Ein Nationalpark ist ein Naturschutzgebiet. Pflanzen und Tiere sollen darin ungestört leben können. In Nordamerika gibt es mehrere solcher Nationalparks.

Der älteste Nationalpark ist der Yellowstone-Nationalpark. Dort findet man den berühmtesten Geysir der Welt: den Old Faithful. Das ist Englisch und heißt Alter Getreuer.

Täglich kommen viele Besucher hierher. Sie bestaunen die vielen Geysire und Thermalquellen im Park.

Die Bisons erschrecken nicht mehr bei einem Ausbruch des Geysirs.

Etwa 2 000 Liter heißes Wasser strömen jede Minute aus der größten Thermalquelle der USA.

Grand Prismatic Spring

Ein Supervulkan

Niemand bemerkt, dass er in Wirklichkeit auf einem Supervulkan herumläuft. Denn unter dem Park verläuft eine riesige Magmakammer. Sie beheizt unzählige Geysire und Quellen.

Vor etwa 640 000 Jahren brach der Yellowstone das letzte Mal aus. Die Asche bedeckte damals die Hälfte der heutigen USA.

Zur Sicherheit beobachten Vulkanforscher den Yellowstone-Park ganz genau. Jedes noch so kleine Beben wird aufgezeichnet.

Tief im Meer

Vulkane entstehen nicht nur auf dem Land.
Auch auf dem Meeresboden
stoßen Erdplatten aufeinander
und Magma tritt hervor.
So entstand der Mauna Loa.
Er bildet zusammen mit anderen Vulkanen
die größte Insel von Hawaii.

Wenn man von der Meeresoberfläche misst,
ist der Mauna Loa 4170 Meter hoch.
Doch er beginnt tief unten im Meer,
nämlich 5000 Meter tiefer.
Insgesamt ist der Mauna Loa
also 9170 Meter hoch.

Mauna Loa

Mount Everest

Würde der Mauna Loa vom Meeresboden aus gemessen, wäre er der höchste Berg der Erde. Der Mount Everest ist nämlich „nur“ 8848 Meter hoch.

Raucher unter Wasser

Unter Wasser gibt es auch heiße Quellen. Tritt das etwa 400 Grad heiße Wasser aus dem Boden aus, kühlt es sofort ab. Denn das Meerwasser ist nur 2 Grad kalt. Beim Abkühlen lösen sich kleine Schwebteilchen aus dem Wasser. Das sieht dann wie Rauch aus.

Es gibt Schwarze und Weiße Raucher – je nachdem, welche Teilchen im Wasser enthalten sind.

Nach einiger Zeit sinken die Teilchen auf den Meeresboden zurück. Dadurch entstehen nach und nach die Schornsteine der Raucher. Sie sind bis zu 25 Meter hoch.

Schwarze Raucher

Weiße Raucher

Außerirdische Vulkane

Vulkane gibt es nicht nur auf der Erde.
Auch auf dem Mond und auf einigen
Planeten in unserem Sonnensystem
wurden schon Vulkane entdeckt.

Gigant auf dem Mars

Der Größte von allen
ist der Olympus Mons auf dem Mars.
Der Name bedeutet Olymp-Berg.
Er ist etwa 26 Kilometer hoch.
So groß ist kein Berg auf der Erde.
Der Vulkan ist jedoch erloschen
und kann nicht mehr ausbrechen.

Der Olympus Mons hat
unten einen Durchmesser
von 600 Kilometern.
Das ist etwa so weit wie
von München nach Berlin.

Vulkanausbrüche auf dem Mond sind schon ungefähr 3,5 Milliarden Jahre her. Heute gibt es keine aktiven Vulkane mehr auf dem Mond.

Mondvulkane

Selbst auf dem Mond gibt es Vulkane. Wenn du nachts zum Himmel schaust, kannst du dunkle Flecken auf dem Mond sehen. Das sind Gebiete, die mit erkalteter Lava gefüllt sind.

Pfannkuchen auf der Venus

Raumsonden haben Bilder von der Venus zur Erde gesendet. Von oben sehen einige Berge wie runde Pfannkuchen aus. In Wahrheit sind es jedoch Vulkane, die einen Durchmesser von 60 Kilometern haben können.

Venus

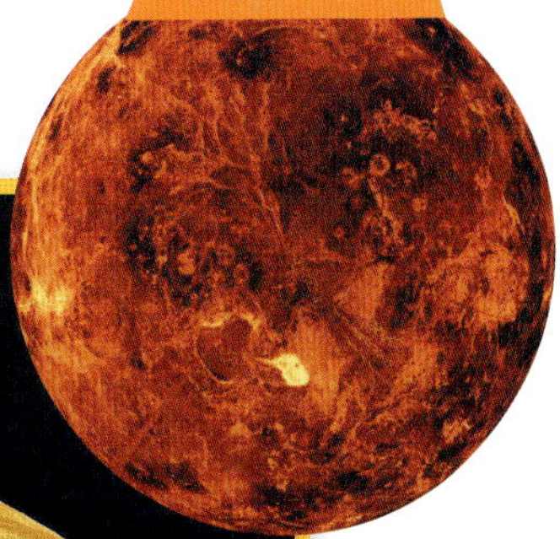

Der Vulkan Maat Mons

Vulkane in Deutschland

Vulkane gibt es auch in Deutschland.
Sie sind aber zurzeit nicht aktiv.
Die letzten Vulkane sind hier
vor etwa 11 000 Jahren ausgebrochen.
Heute sind davon nur noch
sogenannte Maare zu sehen.

Wenn heißes Magma und kaltes Wasser
zusammenkommen und explodieren,
bildet sich eine Art Trichter.
Dieser Trichter füllt sich dann mit Wasser.
So entsteht ein Maar.

Gemündener Maar

Die meisten Maare bei uns liegen in der sogenannten Vulkaneifel – auch das Gemündener Maar.
Die Eifel ist ein Mittelgebirge im Westen Deutschlands.

Ricos Lesequiz

1 Wo findet man den größten Vulkan der Erde, den Mauna Loa?

a) Auf Hawaii.

b) In Deutschland.

c) In England.

2 Wie heißt der Supervulkan in den USA?

a) Redstone

b) Bluestone

c) Yellowstone

3 Wie heißen die Vulkanseen in der Eifel?

a) Meere

b) Moore

c) Maare

Lösung: 1a), 2c), 3c)

Vulkanforscher – ein heißer Job

Dieser Vulkanforscher filmt den Krater eines Vulkans.

Messen, forschen, vorhersagen

Menschen, die Vulkane erforschen,
nennt man Vulkanologen.
Ein Vulkanforscher muss sich
mit dem Aufbau der Erde, den Erdplatten
und den verschiedenen Gesteinen
sehr gut auskennen.

Er beobachtet und misst sogar kleinste
Erschütterungen und Erdbeben.
Er wertet die gemessenen Daten aus
und kann so einen Vulkanausbruch
vorhersagen.

Natürlich muss ein Vulkanologe
sehr vorsichtig sein.
Seine Sicherheit geht immer vor!

Sicherheit geht vor!

Vulkane verhalten sich nie gleich. Daher muss auch ein erfahrener Forscher immer einen genügend großen Sicherheitsabstand einhalten. Sonst kann er durch die ausgeworfene Asche, durch Steine oder durch Feuer verletzt werden. Doch viele neue technische Geräte machen die Arbeit sicherer und genauer.

Wichtige Arbeit

Seit Jahren hat es kaum Vulkanausbrüche mit schlimmen Folgen mehr gegeben. Das ist auch ein Verdienst der Vulkanforscher.

Hast du gewusst ...

... dass manche Schutzanzüge mit Aluminium beschichtet sind? Das silberne Metall kann Wärme reflektieren (zurückwerfen) und den Forscher besonders gut schützen.

Die Ausrüstung eines Forschers

Für seine Forschungen braucht ein Vulkanologe viele verschiedene Ausrüstungsgegenstände.

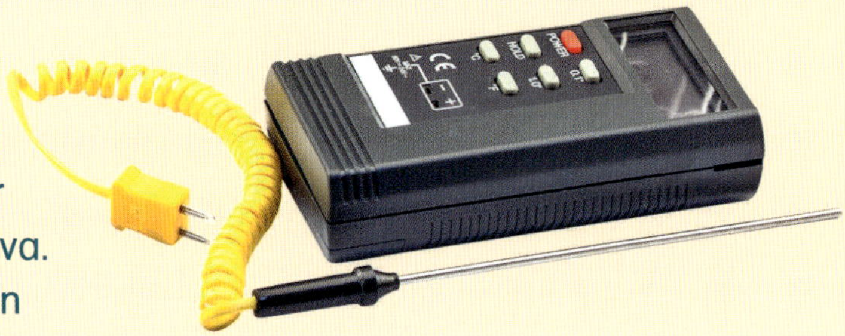

Thermometer
Der Forscher misst die Temperatur der ausströmenden Lava. Dafür braucht er ein besonderes Thermometer, das nicht schmilzt. Denn die Lava kann bis zu 1 200 Grad Celsius heiß werden.

Fernglas
Mit einem Fernglas kann der Forscher gefährliche Orte aus sicherem Abstand beobachten.

Bergsteigerausrüstung
Ein Vulkanologe muss ein guter Bergsteiger sein, damit er sicher auf den Vulkan kommt. Manchmal seilt er sich in einen Krater ab. Der Helm schützt ihn vor herabfallenden Steinen.

Hammer und Lupe
Ein Vulkanologe untersucht
auch die Steine rund um den Vulkan.
Sie verraten ihm viel
über die Geschichte
und das Verhalten des Vulkans.

Rucksack und Schuhe
In seinem Rucksack trägt er
seine Messgeräte und Karten.
Feste Schuhe geben ihm Halt im Gelände.
Die besondere Sohle
hält auch große Hitze aus.

Gasmaske
An Vulkanen treten oft giftige Gase aus.
Mit der Gasmaske ist der Forscher
gut geschützt.

Schutzanzug
Möchte der Forscher Proben
eines aktiven Vulkans nehmen,
zieht er einen Schutzanzug an.
Dieser schützt ihn
vor der ungeheuren Hitze.

Technische Geräte

Vulkanologen müssen außerdem
verschiedene technische Geräte
bedienen können.
Diese zeigen sogar kleinste Veränderungen
im Vulkan an.
So können sie auf einen möglichen
Vulkanausbruch hinweisen.

Ein **Tiltmeter** funktioniert
wie eine Wasserwaage.
Es misst die Schräge des Vulkanhangs.
Wenn Magma aufsteigt,
bläht er sich auf.
Die Wasserblase im Gerät bewegt sich.

Ein **Spektrometer** misst die Gase,
die aus einem Vulkan austreten.
Nimmt die Menge eines Gases zu,
hat sich der Vulkan verändert.
Er könnte bald ausbrechen.

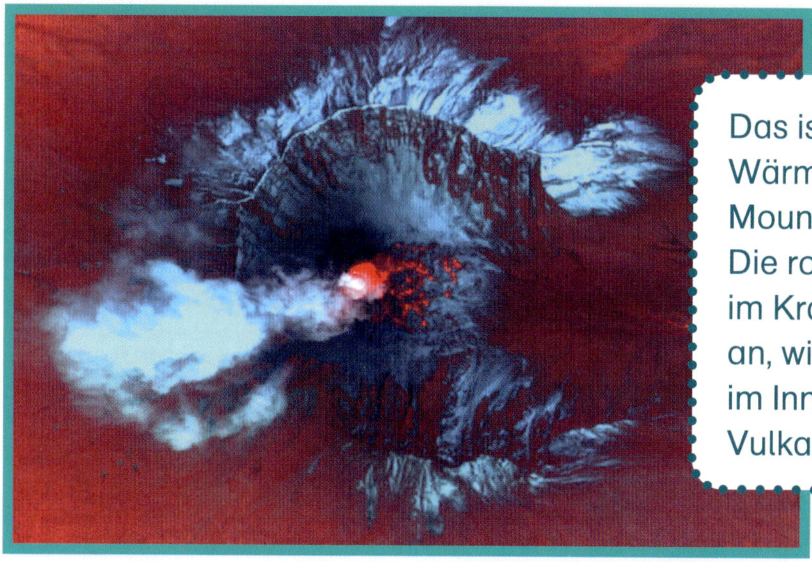

Das ist ein Wärmebild vom Mount St. Helens. Die roten Stellen im Krater zeigen an, wie heiß es im Inneren des Vulkans ist.

Eine **Wärmebildkamera**
zeigt die Temperatur im Vulkan an.
Im Gegensatz zum Thermometer
muss der Forscher dafür nicht so nah
an den Vulkan heran.

Vor oder bei einem Vulkanausbruch
bebt meist die Erde.
Das geschieht, wenn Magma im Berg
nach oben steigt.
Ein **Seismograf** oder **Seismometer**
kann diese Erdbeben messen.

So zeichnet ein Seismograf die Erschütterung der Erde auf.

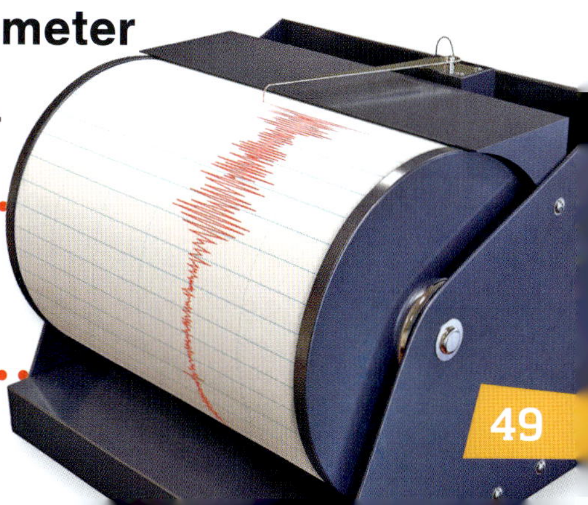

Eine Drohne filmt den Vulkanausbruch. Forscher können die Bilder am Computer betrachten.

Aus der Luft

Seit einiger Zeit werden Drohnen
für die Vulkanforschung eingesetzt.
Sie können per Fernsteuerung
bis in den Krater hineinfliegen.
Für Menschen wäre das viel zu gefährlich.
Drohnen kann man auch
mit Messgeräten ausrüsten.

Aus dem All

Auch Satelliten aus dem All beobachten
Tag und Nacht die Vulkane auf der Erde.
Sie liefern wichtige Daten
für die Wissenschaftler.
Jede noch so kleine Veränderung
können sie aufzeichnen.

Ricos Lesequiz

1 Wie nennt man einen Vulkanforscher?

a) Vulkanologe

b) Vulkanograf

c) Seismograf

2 Was misst man mit einem Seismometer?

a) Die Temperatur der Lava.

b) Die Stärke eines Erdbebens.

c) Das Gewicht eines Steins.

3 Was können Vulkanforscher bei ihrer Arbeit gebrauchen?

a) Königinnen

b) Arbeitsbienen

c) Drohnen

Lösung: 1a), 2b), 3c)

Der Vulkan Merapi
auf der Insel Java.

Wie uns Vulkane nutzen

Fruchtbarer Boden

Natürlich können Vulkane
für Menschen sehr gefährlich sein.
Sie können uns aber auch nutzen.

Nach einem Vulkanausbruch
erscheint die Landschaft erst einmal
öde und leer.
Doch der Boden ist sehr fruchtbar.
Deshalb legen Bauern ihre Felder
häufig in der Nähe eines Vulkans an.

Auf der Insel Bali bauen Bauern ihren Reis am Fuße des Vulkans Agung an.

Schätze aus der Tiefe

Wusstest du, dass es ohne Vulkane keine Diamanten gäbe? Diamanten bestehen aus Kohlenstoff. Kohlenstoff ist eines der häufigsten Elemente in der Natur.

Rohdiamant

geschliffener Diamant

Das Diamantenbergwerk Mir in Russland reicht über 1 200 Meter tief in die Erde.

Ein Diamant entsteht, wenn Kohlenstoff bei großer Hitze mit starkem Druck gepresst wird. Im Inneren der Erde herrschen etwa 1 200 Grad Celsius. Und der Druck in 150 Kilometern Tiefe ist genau richtig für die Diamanten.

Wertvolle Lava

Aber Vulkane bringen nicht nur Diamanten zum Vorschein. Denn Lava enthält außerdem Kupfer, Silber und Gold.

Im schwarzen Lavagestein glänzt Kupfer.

Auch viele Edelsteinkristalle kann man im vulkanischen Gestein finden. Dazu zählen zum Beispiel der rote Beryll oder der grüne Olivin.

grüner Olivin

roter Beryll

Vulkanglas

Auch aus Lava selbst kann ein Schmuckstein entstehen. Kühlt die Lava schnell genug ab, entsteht das Vulkanglas Obsidian. Daraus haben schon die Menschen in der Steinzeit Pfeil- und Speerspitzen hergestellt.

Diese Pfeilspitze aus Obsidian hat ganz schön scharfe Kanten.

In der Nähe von Vulkanen gibt es viele Bauten aus Lavagestein, so wie hier auf der Azoren-Insel Pico. Im Hintergrund sieht man den Vulkan Pico.

Bauen mit Lava

Wenn Lava abkühlt und erstarrt,
dann entsteht besonders festes Gestein.
Mit Lavasteinen kann man sogar
Häuser bauen.

Lavasteine kommen
aus dem Feuer des Vulkans
und sind deshalb feuerfest.
Außerdem schützen sie besonders gut
vor Kälte und Wärme.
So wird es in den Häusern aus Lavagestein
im Winter nicht so kalt.
Und im Sommer bleibt es schön kühl.

Sag mal, Rico ...

... was findest du an Vulkanen so spannend?

Vulkane sehen von oben
ganz unterschiedlich aus.
Manche erscheinen ganz ruhig,
doch unter der Oberfläche brodelt es gewaltig.
Und du musst dir vorstellen:
Bricht ein Vulkan aus, fließt glühend rote Lava
die Berghänge herab.
Das sieht wirklich großartig aus!

Hast du keine Angst, wenn du über einen Vulkan fliegst?

Nein, ich mache es wie die Vulkanforscher:
immer genügend Sicherheitsabstand einhalten!
Und schnell wegfliegen, wenn es gefährlich wird!

Wie riechen denn Vulkane?

Komisch, dass du das fragst.
Bei den meisten Vulkanen
stinkt es gewaltig.
Denn aus dem Erdinneren
steigen auch Gase nach oben,
wie zum Beispiel Schwefel.
Und der riecht wie faule Eier, puh!

Und wo geht die Reise jetzt hin?

Ich glaube, ich schaue mal auf Island vorbei.
Diese heißen Quellen interessieren mich sehr!
Stell dir vor, da kann man sogar im Winter
draußen baden!
Vielleicht probiere ich das auch mal aus.

Vielen Dank, Rico! Und guten Flug!

Ricos großes Lesequiz

1 Wie nennt man flüssiges Gestein, wenn es aus dem Vulkan austritt?

a) Lava

b) Lawa

c) Laava

2 Wie heißt die äußerste Schicht der Erde?

a) Erddecke

b) Erdkruste

c) Erdmantel

3 Welche Vulkanform gibt es nicht?

a) Schildvulkan

b) Schichtvulkan

c) Schachtvulkan

Lösung: 1a), 2b), 3c)

4 **Wie heißt der berühmteste Vulkan Europas?**

a) Vesuv

b) Vesuf

c) Wesuv

5 **Was brachte der Eyjafjallajökull fertig?**

a) Er brachte viele Nachrichtensprecher zum Lachen, weil sie seinen Namen nicht aussprechen konnten.

b) Er sorgte dafür, dass viele Flugzeuge nicht mehr fliegen konnten.

c) Er ließ die Isländer im Sommer kurze Hosen tragen.

6 **Wie heißt der größte Vulkan der Welt?**

a) Mauna Lea

b) Mauna Lara

c) Mauna Loa

Lösung: 4a), 5b), 6c)

7 Auf welchem Planeten liegt der Olympus Mons?

a) Auf der Venus.

b) Auf dem Mars.

c) Auf dem Jupiter.

8 Welchen Gegenstand hat ein Vulkanforscher bei sich?

a) Ein Thermomether.

b) Ein Termometer.

c) Ein Thermometer.

9 Welche Temperaturen muss ein Vulkan-Thermometer aushalten können?

a) bis zu 120 Grad Celsius

b) bis zu 1 200 Grad Celsius

c) bis zu 12 000 Grad Celsius

Lösung: 7b), 8c), 9b)

10 **Welches Gerät kann Erdbeben messen?**

a) Seismometer

b) Thermometer

c) Drohne

11 **Wie heißt die Insel vor Island, die 1963 durch einen Vulkan entstanden ist?**

a) Gurtsey

b) Surtsey

c) Jersey

12 **Welche Eigenschaft haben Steine aus Lava?**

a) Sie haben kleine Luftlöcher und belüften das Haus.

b) Lavasteine sind besonders leicht.

c) Die Steine sind feuerfest.

Lösung: 10a), 11b), 12c)

WAS IST WAS

Erstes LESEN

Christina Braun

Regenwald

TESSLOFF

Hallo!

Ich bin Toni, der Tukan. Meine Heimat ist der Regenwald in Südamerika. Doch Regenwälder gibt es nicht nur dort. Du findest sie an verschiedenen Orten der Welt. Im Regenwald gibt es unheimlich viele Tiere und Pflanzen. Ich kann dir eine Menge über sie erzählen. Bist du bereit für ein Abenteuer? Dann komm mit in den Regenwald!

Inhalt

Rund um den Regenwald

Überall grün

Auf dem Weg durch den Wald
ist rundherum alles grün.
Überall wachsen Pflanzen.
Sie reichen vom Boden bis hoch hinauf
zu den Wipfeln der Baumriesen.
Die Tiere sind hier gut getarnt.
Auf den ersten Blick kann man sie
nur schwer erkennen.

Je tiefer man in den Regenwald hineingeht,
desto dunkler wird es.
Die Bäume fangen das Sonnenlicht
schon oben in den Baumkronen ab.
Mindestens einmal am Tag regnet es.
Daher hat der Regenwald seinen Namen.

In den Regenwäldern wachsen überall dichte, immergrüne Pflanzen.

Siehst du den Leguan?
Zwischen den Blättern
ist er gut getarnt.

Ist der Regenwald ein Urwald?

Regenwälder und Urwälder
sind nicht das Gleiche.
Ein Urwald ist ein Wald,
der natürlich gewachsen ist.
Er wurde nicht von Menschen
gestaltet oder gestört.

In den tropischen Regenwäldern
gibt es noch viele Flächen
mit unberührten Urwäldern.

Auch in Deutschland
gab es früher einmal Urwälder.
Mit der Zeit hat aber der Mensch
überall in die Natur eingegriffen.

Wo liegen die Regenwälder?

Regenwälder findet man
rund um den Äquator.
Der Äquator ist eine gedachte Linie,
die die Erde in zwei Hälften teilt.

Die Regenwälder ziehen sich
wie ein grüner Gürtel
um die Erde herum.
Hier ist es das ganze Jahr über
sehr warm.

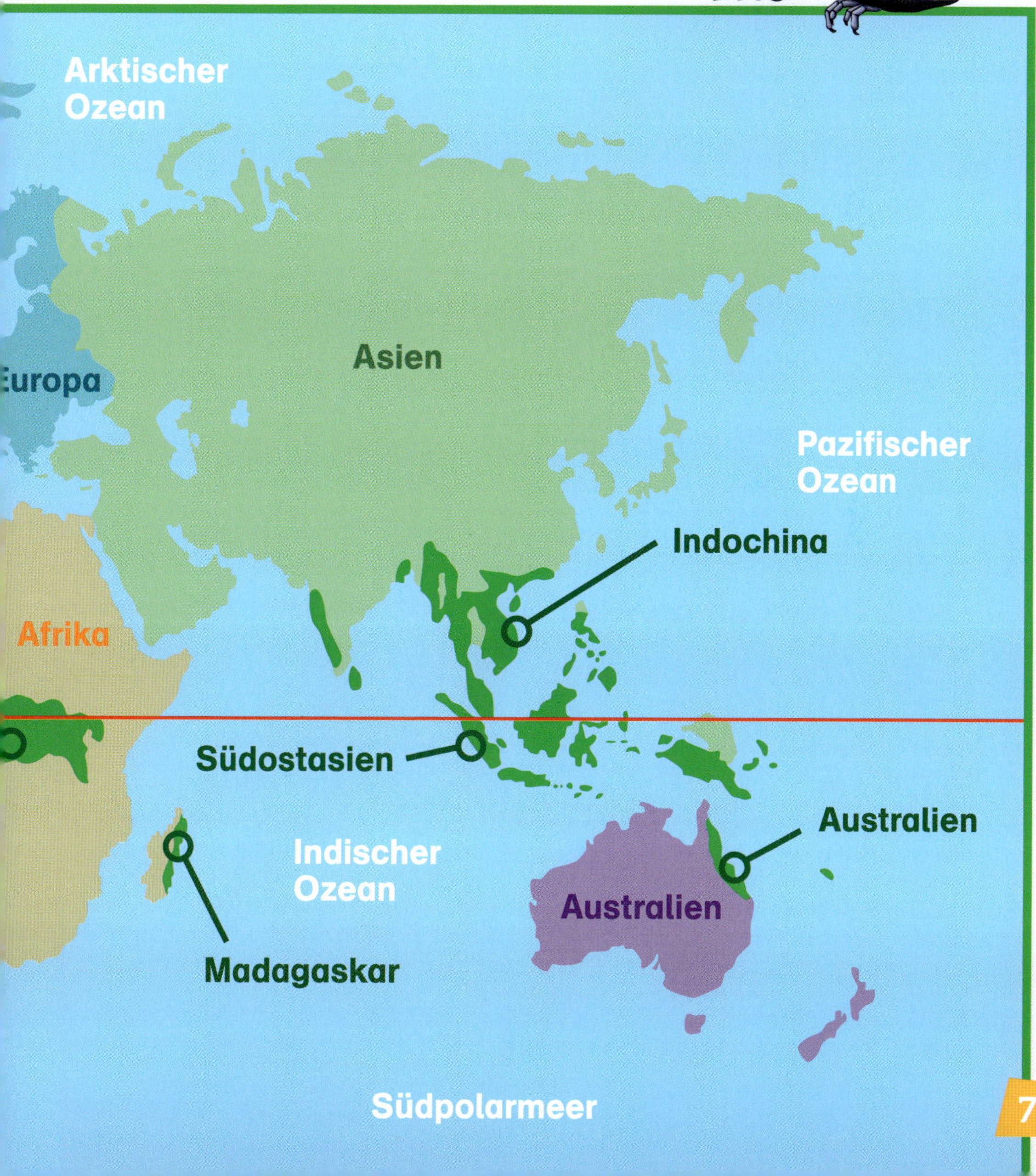

Die Sonne und der Regen

Am Äquator scheint die Sonne
mindestens zwölf Stunden am Tag.
Die Sonnenstrahlen treffen hier
fast immer senkrecht auf die Erde.

Die Sonne spielt im Regenwald
eine wichtige Rolle.
Sie bringt einen Kreislauf in Gang,
der für den täglichen Regen sorgt.

Die Hitze bringt die Bäume zum Schwitzen.
Sie geben Wasser über die Blätter ab.
Das Wasser verdunstet
und steigt mit der warmen Luft auf.
In den höheren Luftschichten
kühlt die Luft ab.
Es bilden sich Wolken.

Im Regenwald
bilden sich
dichte Wolken.

Die Wolken sind
zu schwer geworden.
Es regnet im Regenwald.

Jeden Tag ein Schauer!

Die warme Luft steigt
über dem Äquator auf.
Gleichzeitig fließt kühle, feuchte Luft
von den Ozeanen nach.
So entsteht ein Kreislauf
aus Luft und Wasser.

Die aufgestiegenen Wolken
tragen so viel Wasser in sich,
dass es täglich über den Wäldern regnet.
Meistens regnet es jeden Tag zur gleichen Zeit.

Hast du gewusst ...

... dass ein einzelner Baum im Regenwald
bis zu 1 000 Liter Wasser am Tag
über seine Blätter abgibt?

Orchideen haben im Regenwald perfekte Bedingungen zum Wachsen.

Immergrüne Bäume

Im Regenwald ist es jeden Tag feucht und warm. Es gibt dort keine Jahreszeiten wie bei uns.

Die Pflanzen wachsen und blühen das ganze Jahr über. Die Bäume werfen ihre Blätter nicht ab wie bei uns im Herbst. Sie müssen kein Wasser sparen.

Die Raupe lässt sich die grünen Blätter schmecken.

Der Boden im Regenwald hat aber nur wenig Nährstoffe. Denn es fehlt das Laub, das Tiere, Pilze und Bakterien sonst zu neuer Erde verarbeiten.

Viele kleine Bewohner

Die immergrünen Pflanzen
sind das Zuhause
von unglaublich vielen Tieren.
Forscher meinen,
dass die Hälfte aller Tierarten der Welt
in den Regenwäldern lebt.
Die meisten von ihnen
sind Insekten.

Der Morphofalter hat
leuchtend blaue Flügel.
Er wird auch Himmelsfalter
genannt.

Viele der Tierarten im Regenwald
haben Forscher
noch gar nicht entdeckt.
Denn in den riesigen Wäldern
können die Tiere gut versteckt leben.

Die grüne Lunge der Erde

Die Regenwälder sind nicht nur
Lebensraum für Tiere und Pflanzen.
Auch für uns sind sie sehr wichtig.

Sie liefern uns Sauerstoff zum Atmen.
Außerdem filtern sie große Mengen
schädliches Kohlendioxid aus der Luft.
Darum nennen wir die Regenwälder
auch die grüne Lunge unserer Erde.

Wie alle grünen Pflanzen betreiben
die Bäume des Regenwalds Fotosynthese.
Aus Sonnenlicht, Wasser und Kohlendioxid
stellen sie Sauerstoff und Zucker her.

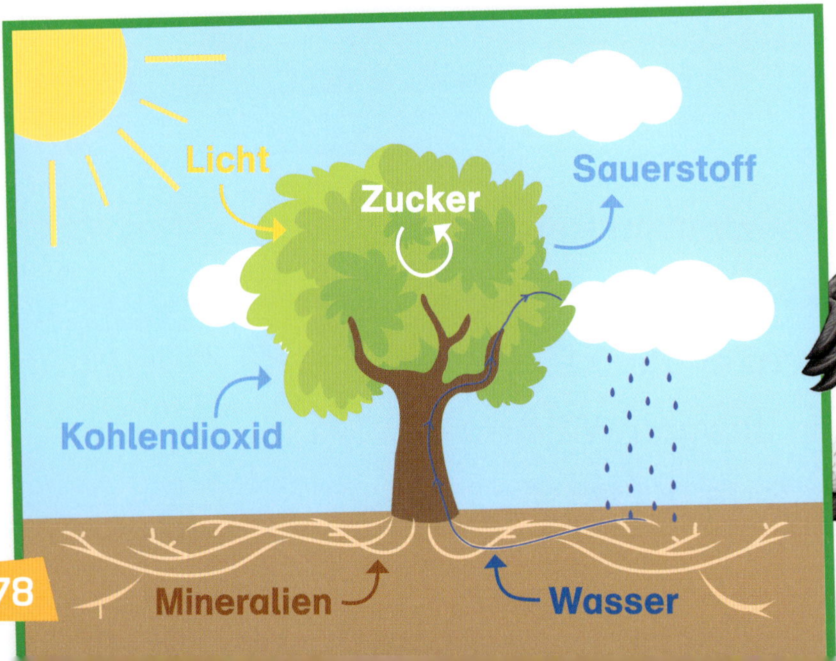

Wie ein blaues Band fließt der Amazonas durch den Regenwald.

Der größte Regenwald der Welt

Alle Regenwälder zusammen
produzieren etwa die Hälfte
des weltweiten Sauerstoffs.

Der Amazonas-Regenwald ist der größte von ihnen.
Er liegt in Südamerika
rund um den riesigen Fluss Amazonas.

Der Amazonas-Regenwald ist so groß
wie alle anderen Regenwälder zusammen.
Und sogar 15-mal größer als Deutschland!

Viel, viel Wasser

Hier geben die Bäume jeden Tag
etwa 20 Milliarden Tonnen Wasser
in die Atmosphäre der Erde ab.
Dieses Wasser sorgt mit dafür,
dass der Regenwald und andere Teile
der Erde nicht austrocknen.

Jeder Regenwald ist anders

Die Regenwälder auf der Welt haben zwar viel gemeinsam. Doch es gibt auch Unterschiede. In den verschiedenen Regenwäldern sind ganz unterschiedliche Tiere und Pflanzen zu Hause.

Mittel- und Südamerika

In Südamerika wächst der üppige Regenwald rund um den Amazonas und seine vielen Nebenflüsse. Hier gibt es Flussdelfine, Krokodile und Piranhas. Der kleine Rotaugenlaubfrosch lebt nur in den Regenwäldern Mittelamerikas.

Rotaugenlaubfrosch

Im Amazonas leben Kaimane. Sie gehören zu den Krokodilen.

Berggorilla

In Afrika leben die letzten Berggorillas in freier Wildbahn.

Afrika

Hier gibt es große Nebelbergwälder.
Sie entstehen in den tropischen Bergen
ab etwa 1 800 Metern Höhe.
Tagsüber ist es heiß.
Nachts können die Temperaturen
bis auf den Gefrierpunkt sinken.
In der feuchtkalten Luft
bilden sich dann
dicke Nebelschwaden.

Madagaskar

Auf dieser Insel gibt es wenige,
eher kleine Säugetiere.
Das seltsame Fingertier
und die kleinen Lemuren
leben nur hier.

Lemur

Fingertier

Orang-Utan-Mütter kümmern sich sehr liebevoll um ihre Babys.

Südostasien

Die Regenwälder Asiens bieten die größte Vielfalt an Bewohnern. Nur auf den Inseln Borneo und Sumatra leben Orang-Utans in freier Natur. In Indochina entdecken Forscher jedes Jahr neue Tierarten.

Australien

Hier kommen Regenwälder nur im Nordosten vor. Typisch für das Land sind die großen Baumfarne. In Australien leben Beuteltiere, wie zum Beispiel das Baumkänguru.

Tonis Lesequiz

1 Woher hat der Regenwald seinen Namen?

a) Es regnet hier den ganzen Tag.

b) Es regnet hier mindestens einmal am Tag.

c) Durch ihn fließt der Fluss Regen.

2 Wo liegen die Regenwälder?

a) Am Nordpol.

b) Am Südpol.

c) Rund um den Äquator.

3 Was können die Pflanzen im Regenwald herstellen?

a) Sauerstoff

b) Kohlendioxid

c) Diamanten

Lösung: 1b), 2c), 3a)

Der Regenwald als Lebensraum

Leben auf mehreren Stockwerken

Den Regenwald kannst du dir wie ein Haus mit vier Stockwerken vorstellen.
Auf jedem Stockwerk sieht es ein wenig anders aus.
Und es leben unterschiedliche Tiere dort.
Die Stockwerke sind aber nicht streng voneinander getrennt.

Sumatra-Tiger

Erdgeschoss (0–10 m)

Hier wachsen vor allem kleine Sträucher und niedrige Büsche.
Es fällt nur wenig Sonnenlicht auf den Boden.
Deshalb gibt es dort nur wenige Pflanzen.

Jaguar

Ara

Dachgeschoss (40–60 m)

Hoch oben in den Wipfeln der größten Baumriesen ist nicht viel los. Die Bäume schwanken stark im Wind. Tagsüber ist es sehr heiß, nachts eher kalt.

Schmetterling

Obergeschoss (20–40 m)

In dieser Höhe flattert es wie auf einer Blumenwiese. Schmetterlinge und Insekten schwirren um die bunten Blüten herum. Hier ist es tagsüber sehr heiß.

Baumpython

Mittelgeschoss (10–20 m)

Hier findet man vor allem junge und niedrige Bäume. Es ist immer noch recht dunkel und die Luftfeuchtigkeit ist hoch.

Krabbeln auf dem Boden

Zwischen den niedrigen Sträuchern
findet man sehr viele Insekten
wie Termiten oder Käfer.
Sie zerkleinern herabfallende Pflanzenteile
und lockern den Boden auf.

Blattschneiderameisen schneiden
kleine Stücke aus den Blättern
und tragen sie in den Ameisenbau.
Mit den Blättern züchten sie Pilze.
Im Ameisennest wachsen die Pilze heran.
Sie dienen den Tierchen als Nahrung.

Blattschneiderameisen können das Zehnfache ihres eigenen Gewichts tragen.

Kleine Pflanzenfresser

Flachlandtapir

Tapire gehen auch mal schwimmen.

Am Boden des Regenwalds leben viele eher kleine Säugetiere.
Unter den niedrigen Sträuchern können sie sich gut fortbewegen.

Der Tapir hat einen kurzen Rüssel.
Damit zupft er Blätter von den Zweigen.
In der Nacht geht er auf Nahrungssuche.
Tagsüber schläft er.

Der Kasuar ist ein Laufvogel, der nicht fliegen kann.
Mit seinem Schnabel frisst er die leckeren Früchte des Regenwalds.
Auf seinem Kopf hat er ein Horn, das aussieht wie ein Helm.

Der Kasuar lebt in Australien und Neuguinea.

Ein Wasserschwein kann bis zu 70 Kilogramm schwer werden.

Schwimmende Nager

Wasserschweine sind
die größten Nagetiere der Welt.
Sie sind mit den Meerschweinchen verwandt.

Sie können rennen, schwimmen, tauchen
und bei Gefahr sogar bellen.
Tagsüber liegen sie meist im Wasser.
Zum Schlafen gehen sie an Land.
Schon die Jungen können
von Anfang an schwimmen.

Die großen Nager können
ihre Nahrung nur schwer verdauen.
Daher fressen sie ihren eigenen Kot
einfach noch einmal auf.
So holen sie alle Nährstoffe
aus der Nahrung heraus.

Mal ehrlich: Das ist schon ein bisschen eklig, Leute!

Gut gepanzert

Zwischen den Sträuchern des südamerikanischen Regenwalds geht ein gepanzertes Tier auf die Jagd. Es ist das Gürteltier.

Sein Panzer besteht aus unzähligen kleinen Knochenplättchen. Bei Gefahr kann sich das Gürteltier blitzschnell zusammenrollen. Dann ist es durch seinen Panzer geschützt.

Das Gürteltier kann sehr gut riechen. Mit seinen langen Krallen gräbt es in der Erde nach Würmern und Insekten.

Das Gürteltier kann sich zu einer Kugel zusammenrollen.

Gürteltier

Im Blätterdach

In den Baumkronen des Regenwalds gibt es genug Nahrung für alle. Viele Tiere verstecken sich in den dichten Blättern vor ihren Fressfeinden.

Tarnen und täuschen

Manche Tiere tarnen sich, damit ihre Feinde sie nicht entdecken. Sie sind dann von ihrer Umgebung kaum zu unterscheiden. Andere ahmen das Aussehen giftiger Tiere nach, um nicht gefressen zu werden.

Bitte nicht fressen! So täuschen Raupe, Heuschrecke und Natter ihre Feinde.

Spannerraupe

ungiftige Natter

Blattheuschrecke

giftige Korallenschlange

Kolibris schlagen
so schnell mit ihren Flügeln,
dass sie in der Luft stehen.

Summen und flattern

Im Blätterdach des Regenwalds
sind die kleinen Kolibris unterwegs.
Sie trinken gern den Nektar
aus den Blüten der tropischen Pflanzen.
Auch die Insekten,
die dort nach Nahrung suchen,
sind Leckerbissen für sie.

Insekten und Vögel sind gut
für die Pflanzen des Regenwalds.
Denn sie bestäuben ihre Blüten.
Aus den Blüten wachsen Früchte heran.
Diese sind dann wieder Nahrung
für andere Vögel und Säugetiere.

Faultier

Ganz entspannt

Ist das Faultier wirklich faul?
Die meiste Zeit hängt es gemütlich
an einem Ast in den hohen Bäumen.
Es bewegt sich nur ganz langsam.
So spart das Faultier Energie,
und das hilft ihm beim Überleben.

Nur etwa einmal die Woche klettert
das Faultier vom Baum herunter.
Dann muss es aufs Klo.

Damit der Regen sein Fell nicht nass macht
und schnell wieder ablaufen kann,
hat das Faultier den Scheitel auf dem Bauch.

Frösche auf Bäumen

Im Regenwald leben sogar Frösche auf Bäumen.
Sie heißen Baumsteigerfrösche.
Manche legen ihre Eier in Blätter, die wie Trichter geformt sind.
Hier sammelt sich das Regenwasser – perfekt für den Froschnachwuchs.

Blauer Baumsteiger

Giftige Hüpfer

Viele dieser kleinen Frösche zählen zu den giftigsten Tieren der Welt.
Über ihre Haut schwitzen sie ein tödliches Gift aus.
Einige Ureinwohner reiben damit ihre Jagdpfeile ein.
Deshalb heißen die kleinen Tierchen auch Pfeilgiftfrösche.

Achtung, giftig!
Das Erdbeerfröschchen warnt seine Feinde mit seiner roten Farbe.

Lauter Affen

In den Regenwäldern leben ganz unterschiedliche Affenarten. Manche Arten kommen nur an einem einzigen Ort der Welt vor.

Nasenaffen haben Schwimmhäute zwischen den Zehen und können sehr gut schwimmen. Manchmal springen sie direkt von den Bäumen ins Wasser. Nasenaffen leben nur auf der Insel Borneo in Asien.

Orang-Utan bedeutet Waldmensch auf Malaiisch, der Sprache in Malaysia. Die zotteligen Affen bauen sich Nester in den Baumkronen. Dort schlafen sie in der Nacht.

Lemuren findet man nur auf der Insel Madagaskar, die östlich von Afrika liegt. Es gibt weit über einhundert verschiedene Lemurenarten. Der **Indri** ist der Sänger unter den Lemuren. Sein Gesang schallt viele Kilometer weit durch den Regenwald.

Schimpansen leben im afrikanischen Regenwald. Von allen Affen sind sie uns am ähnlichsten. Sie leben in größeren Gruppen zusammen und verständigen sich mit Händen, Füßen und Lauten. Auch Gefühle können sie mit ihrem Gesichtsausdruck zeigen.

Gibbons sind in Südostasien zu Hause. Sie haben keinen Schwanz, dafür aber sehr lange Arme. Damit schwingen sie sich von Ast zu Ast. Mit einem einzigen Schwung können sie ganze drei Meter zurücklegen!

Die riesigen Überständer wachsen hoch hinaus.

Hoch über den Wipfeln

Aus den dichten Baumkronen
ragen manchmal
einzelne, hohe Bäume heraus.
Man nennt sie auch Überständer.
In diesen Baumriesen leben nur wenige Tiere.
Denn hier kann es sehr windig werden
und die Temperaturen schwanken stark.

Papageien und Tukane fliegen aber
bis in die hohen Wipfel hinauf.
Ihre Zehen sind nach vorn
und nach hinten gebogen.
So können sie sich gut
an den Ästen festhalten.

Bunt und verspielt

Regenbogentukan

Der Regenbogentukan hat einen besonders schönen und großen Schnabel. Der sieht schwerer aus, als er ist. Denn er ist innen hohl.

Tukane sind sehr verspielt. In den hohen Bäumen suchen sie nach leckeren Früchten und Insekten. Mit ihren Schnäbeln werfen sie sich gegenseitig Beeren zu.

Der Tukan kann nicht so gut fliegen, denn seine Flügel sind recht kurz. Deshalb hüpft er lieber zwischen den Ästen umher.

Blautukan

Hast du gewusst ...

... dass der Tukan kein Papagei ist? Er gehört zu den Spechten und ist mit dem Buntspecht verwandt.

Im Team stärker

Um im Regenwald zu überleben,
tun sich manche Tiere und Pflanzen
zusammen.
Man nennt das auch Symbiose.

Der Paranussbaum ist ein Urwaldriese.
Fällt eine Nuss aus 60 Metern Höhe herunter,
wird sie von einem Nagetier geschnappt,
dem Aguti.
Nur seine Zähne sind scharf genug,
um die Paranüsse zu knacken.

Einige Nüsse vergräbt das Aguti als Vorrat.
Manchmal vergisst es aber ein Versteck.
Die Nuss beginnt zu keimen
und ein neuer Baum
kann wachsen.

Paranussbaum

Das Aguti und die Paranuss sind ein perfektes Team.

Aguti

Mit seinem langen Schnabel trinkt der kleine Kolibri Nektar aus den Blüten.

Schwertschnabel-Kolibri

Beste Freunde

Manche Pflanzen und Tiere passen einfach perfekt zusammen. So wie der Schwertschnabel-Kolibri und die Engelstrompete. Nur der kleine Kolibri kann den Nektar der schönen Blume trinken. Denn nur sein Schnabel ist lang genug.

Ganz schön anstrengend!

Die Blüten der Bananenpflanzen haben nur wenig Nektar. Die Blütenfledermaus wird vom Saft einer Bananenpflanze nicht satt. Deshalb muss sie zu über 100 Blüten in der Nacht fliegen. So sorgt die Pflanze dafür, dass ihre Pollen überall verbreitet werden.

Bloß nicht umfallen!
Die Brettwurzeln machen
die riesigen Urwaldbäume
besonders stark und stabil.

Starke Wurzeln

Die gewaltigen Bäume
des Regenwalds
können über
60 Meter hoch werden.
Das ist erstaunlich.
Denn ihre Wurzeln reichen
nur etwa 30 Zentimeter tief
in den Boden.

Damit die Riesenbäume
bei starkem Wind
nicht umfallen,
bilden sie sogenannte
Brettwurzeln.

Brettwurzeln wachsen
über dem Boden.
Sie können bis zu
zehn Meter hoch werden.

Partner unter der Erde

Alle Bäume müssen gut
mit Nährstoffen versorgt werden.
Besonders wenn sie so groß sind
wie die mächtigen Baumriesen.

Aber im Boden des Regenwalds
gibt es nicht viele Nährstoffe.
Deshalb verweben sich
die kurzen Wurzeln des Baumes
mit einem unterirdischen Pilz.
Der Pilz gibt dem Baum Nährstoffe ab.
Dafür bekommt er von ihm Zucker.

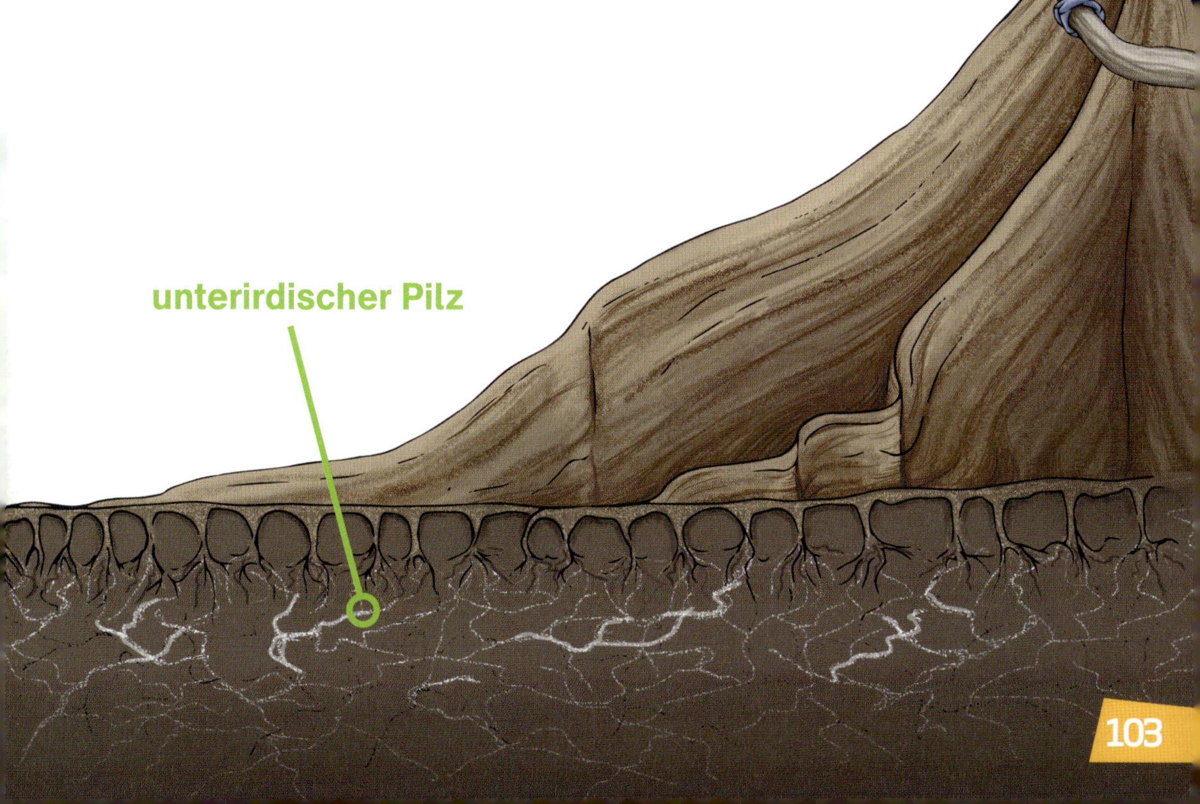

Die Ananas gehört zu den Bromelien.

Auf zum Licht

Die Pflanzen im Regenwald
lassen sich viel einfallen,
um ans Sonnenlicht zu gelangen.
So wie die Aufsitzerpflanzen.
Sie wachsen nicht auf dem Boden,
sondern direkt auf den hohen Bäumen.
So erhalten sie mehr Licht
und können sich gut
mit Nährstoffen und Wasser versorgen.

Diese Aufsitzerpflanzen
nennt man Epiphyten.
Das sprichst du so aus: Epifüten.
Es gibt über 28 000 verschiedene Arten.
Orchideen, Farne und Bromelien gehören dazu.

Bromelie

Orchidee

Liane

An einer Liane
hangelt sich
der Orang-Utan
durch die Baumkronen.

Klettern von Baum zu Baum

Auch Kletterpflanzen wie die Lianen wollen dem Licht entgegenwachsen. Dafür benutzen sie die Bäume als Klettergerüst.

Nach und nach schlängeln sich die Lianen am Baumstamm nach oben. So sparen sie sich einen eigenen Stamm. Gleichzeitig spendet der Baum ihnen Schatten.

An den Schlingen der Lianen klettern und schwingen Affen gern von Baum zu Baum.

Die Würgefeige lässt dichte, lange Wurzeln um den Baum wachsen.

Würgefeige

Ganz schön gemein

Manche Aufsitzerpflanzen können für den Baum gefährlich werden. Wie zum Beispiel die Würgefeige. Hoch oben in der Krone eines Baumes beginnt sie zu wachsen. Dort bildet sie Wurzeln und lässt sie hinunter bis auf den Boden.

Mit der Zeit wird die Feige immer kräftiger. Schließlich ist sie so groß, dass sie dem Baum das Licht nimmt. Seine Wurzeln sterben ab. Die Würgefeige hat den Baum erwürgt.

Nährstoffe mal anders

Nur wenig Nährstoffe im Boden?
Den fleischfressenden Pflanzen
ist das ganz egal.
Sie ernähren sich von Insekten
und anderen kleineren Tieren.

Venusfliegenfalle

Die Venusfliegenfalle lockt
ihre Beute in eine Klappfalle.
Fliegt eine Fliege hinein,
klappt sie blitzschnell zu.
Dann wird das Insekt verdaut.

Kannenpflanzen sehen wie kleine Krüge aus.
Mit ihren Duftstoffen locken sie Insekten an.
Ist die Beute erst einmal in der Kanne,
kommt sie an den glatten Wänden
nicht mehr hinauf.

Kannenpflanze

Für die kleine Fledermaus
ist die Kannenpflanze
nicht gefährlich.

Rekorde aus dem Regenwald

Der kleinste Kolibri der Welt
ist die winzige Bienenelfe.
Sie wird nur bis zu
sechs Zentimeter groß
und wiegt ungefähr zwei Gramm.
Wie eine Biene bestäubt
die Bienenelfe die Pflanzen.
Dabei saugt sie den Nektar aus der Blüte.

Bienenelfe

Die größte Blüte weltweit findet man
im asiatischen Regenwald.
Die Rafflesia kann über einen Meter groß werden.
Allerdings stinkt sie ganz fürchterlich
nach verwesendem Fleisch.
Damit lockt sie Insekten an,
die sie bestäuben sollen.
Nach vier bis sieben Tagen zerfällt die Blüte
zu zähem, schwarzem Schleim.

Sie ist riesig und
stinkt fürchterlich:
die Rafflesia.

Tonis Lesequiz

1 Welche Tiere züchten Pilze in ihren Nestern?

a) Termiten
b) Tausendfüßer
c) Blattschneiderameisen

2 Welches Tier kann Paranüsse knacken?

a) Das Gürteltier.
b) Der Tapir.
c) Das Aguti.

3 Wie tötet die Würgefeige ihren Wirtsbaum?

a) Sie fällt ihn.
b) Sie nimmt ihm das Licht.
c) Sie frisst seine Wurzeln.

Lösung: 1c), 2c), 3b)

Der Regenwald und der Mensch

Dieses Dorf liegt mitten im Amazonas-Regenwald.

Menschen im Regenwald

Wenn du „Regenwald“ hörst, denkst du bestimmt zuerst an riesige Bäume und exotische Tiere.

Im Regenwald leben aber auch Menschen. Sie sind die Nachfahren der Ureinwohner.

Die meisten Menschen leben zusammen in kleineren Dörfern. Sie wohnen in einfachen Hütten aus Holz. Die Dächer sind mit Palmwedeln gedeckt. Die Menschen leben vom Ackerbau und vom Fischfang.

Hast du gewusst ...

... dass viele Kinder am Amazonas mit dem Kanu zur Schule paddeln? Das klingt für uns wie ein Abenteuer. Für sie ist das ganz normal.

Leben wie früher

In manchen Regionen gibt es Stämme,
die immer noch leben wie die Ureinwohner
vor vielen Tausend Jahren.
Sie sammeln essbare Wurzeln,
Pflanzen oder Beeren
und gehen auf die Jagd.

Auch die Bräuche ihrer Vorfahren
sind ihnen sehr wichtig.
Die Alten geben ihr Wissen
an die Jungen weiter.

Manche dieser Stämme leben
sogar ganz für sich.
Sie haben überhaupt keinen Kontakt
zur Außenwelt.

Ein Fest wird gefeiert.
Dafür haben sich
die Menschen
traditionell bemalt
und geschmückt.

Eine Stadt im Regenwald

Hättest du gedacht,
dass es mitten im Regenwald
auch Städte gibt?

Die größte Stadt heißt Manaus.
Sie liegt in Brasilien,
mitten im Amazonas-Regenwald.
Hier wohnen fast zwei Millionen Menschen.

Aus dem restlichen Brasilien
kann man die Großstadt
nur mit dem Flugzeug
oder mit dem Schiff erreichen.

Früchte aus dem Regenwald

Im Regenwald wachsen
viele verschiedene Früchte.

Bestimmt kennst du Ananas und Bananen.
Vielleicht hast du auch schon einmal
eine Maracuja probiert.
Auch die Kakaopflanze, der Kaffeebaum
oder die Vanilleorchidee
kommen aus dem Regenwald.

Schokolade oder Kaffee sind für uns
fast alltägliche Lebensmittel.
Aber die Zutaten dafür
wachsen bis heute nur in
Südamerika, Afrika und Asien.

Bananenplantage

Große Plantagen

Damit es genug Bananen, Kaffee
und Ananas für die ganze Welt gibt,
werden sie auf Plantagen angebaut.
Das sind riesige Flächen,
auf denen immer nur
eine bestimmte Frucht wächst.

Für den Regenwald
sind diese Plantagen schädlich.
Um genügend Platz zu haben,
müssen viele Bäume gefällt werden.
So verlieren die Tiere,
die dort leben,
ihr Zuhause.

Der Regenwald steckt überall

In vielen Produkten, die wir nutzen, ist oft auch ein kleines Stückchen Regenwald mit drin.

Ölpalme

Aus Tropenholz werden Papier und Möbel hergestellt. Viele Produkte im Supermarkt enthalten Palmöl. Das ist ein besonders billiges Pflanzenöl. Es wird aus tropischen Palmen gewonnen.

Auch Sojabohnen werden hier angebaut. Sie dienen vor allem als Viehfutter und stecken auch in Sojadrinks und Tofu.

Für die Viehzucht werden große Teile des Regenwalds zerstört. Sie werden als Weideflächen gebraucht.

Es brennt im Regenwald.
Durch das Feuer werden große Flächen des Waldes zerstört.

Gefahr für den Regenwald

Mit den Produkten aus dem Regenwald kann man viel Geld verdienen.
Die großen, alten Bäume werden gefällt und zu Holz oder Papier verarbeitet.
Viele Waldflächen werden außerdem mit Feuer gerodet, also abgeholzt.

Die Asche macht den kargen Boden erst einmal fruchtbar.
Doch schon nach wenigen Ernten enthält er fast keine Nährstoffe mehr.
Dann müssen wieder neue Flächen gerodet werden.

Der Regenwald und das Klima

In jeder Minute wird im Regenwald
eine Waldfläche zerstört,
die so groß ist wie 30 Fußballfelder.
So wird der Lebensraum
für die Menschen und Tiere
immer kleiner.

Durch das Verbrennen der Bäume
wird sehr viel Kohlendioxid frei,
das vorher im Wald gespeichert war.
Wenn es weniger Bäume gibt,
wird der Wasserkreislauf
über dem Regenwald gestört.
Auch deshalb wird es auf der Erde
mit der Zeit immer wärmer.
Das Klima verändert sich.

Hier wurde der Wald
mit Feuer gerodet.

Auf dem Wochenmarkt gibt es Obst und Gemüse aus deiner Nähe.

Alle helfen mit

Jeder kann ein bisschen helfen,
den Regenwald zu schützen.
Verzichte zum Beispiel
auf Produkte mit Palmöl.
Es steckt meist in Fertigprodukten.

Es gibt viele leckere Lebensmittel,
die aus deiner Region kommen.
So müssen Obst und Gemüse
keine weiten Wege zurücklegen.

Male doch einfach mal
auf Umweltpapier.
Wenn Papier recycelt wird,
müssen dafür keine Bäume
aus dem Regenwald gefällt werden.

Malen auf Umweltpapier

Schutz für den Regenwald

Auch in Getränkedosen oder Alufolie
steckt ein Stückchen Regenwald.
Denn um Aluminium herzustellen,
benötigt man das Erz Bauxit.
Und das findet man rund um den Äquator.

Und auch wenn du mit dem Fahrrad
statt mit dem Auto fährst,
schützt du den Regenwald
ein kleines Stück.
Denn in manchen Kraftstoffen
findet man günstige Pflanzenöle.
Und die kommen meist
aus tropischen Wäldern.

Mit dem Fahrrad bist du immer umweltfreundlich unterwegs.

Sag mal, Toni ...

... das ist ja wirklich spannend im Regenwald!

Ja, das stimmt! Viele Tiere und Pflanzen haben Forscher noch gar nicht entdeckt! Hinter jedem Ast und jedem Baum könnte es einen Schmetterling oder eine kleine Pflanze geben, die vorher noch nie jemand gesehen hat!

Welches Tier findest du besonders interessant?

Ich finde die Baumsteigerfrösche super. Natürlich auch, weil sie so schön bunt sind. Genau wie mein Schnabel. Diese Frösche leben auf den Bäumen. Sie baden in Pflanzentrichtern, die das Regenwasser auffangen. Ganz schön schlau, oder?

Machst du dir Sorgen um den Regenwald?

Ja, ich mache mir große Sorgen!
Es werden so viele Flächen abgebrannt und zerstört! Das bedeutet natürlich auch weniger Lebensraum für mich und meine Freunde. Und auch für euch Menschen ist das schlimm. Denn dadurch wird die Erde immer wärmer und das Klima ändert sich.

Was hast du heute noch vor?

Ich spiele nachher noch mit den anderen Tukanen. Wir treffen uns in den höchsten Baumwipfeln im Wald. Da fechten wir mit unseren Schnäbeln und werfen uns gegenseitig Beeren zu. Und die Aussicht ist dort oben super!

Danke, Toni!
Und viel Spaß mit deinen Freunden!

Tonis großes Lesequiz

1 Warum regnet es im Regenwald?

a) Weil hier immer schlechtes Wetter ist.

b) Weil es hier besonders kalt ist.

c) Weil die Sonne hier so stark ist und deshalb so viel Wasser verdunstet.

2 Welches ist der größte Regenwald?

a) Der Nebelbergwald.

b) Der Amazonas-Regenwald.

c) Der australische Regenwald.

3 Welche Tiere gibt es nur auf Madagaskar?

a) Fingertiere und Lemuren.

b) Berggorillas und Chamäleons.

c) Flussdelfine und Krokodile.

Lösung: 1c), 2b), 3a)

4 **Wie nennt man die Wurzeln der Baumriesen?**

a) Brettwurzeln

b) Riesenwurzeln

c) Balkenwurzeln

5 **Wie nennt man die Baumriesen, die aus dem Blätterdach herausragen?**

a) Überläufer

b) Überständer

c) Hochständer

6 **Wie heißt der Laufvogel mit dem helmartigen Horn?**

a) Kasuar

b) Emu

c) Strauß

Lösung: 4a), 5b), 6a)

7 Wo schlafen Orang-Utans?

a) In Sträuchern auf dem Boden.

b) In Nestern in den Bäumen.

c) In alten Baumhöhlen.

8 Mit wem ist das Wasserschwein verwandt?

a) Mit dem Wildschwein.

b) Mit dem Hausschwein.

c) Mit dem Meerschweinchen.

9 Wie warnt das Erdbeerfröschchen seine Feinde?

a) Es quakt laut.

b) Seine Farbe ist sehr grell
und soll sagen: „Vorsicht!“

c) Es warnt sie gar nicht.

Lösung: 7b), 8c), 9b)

10 Was ist die Bienenelfe?

a) Eine besonders kleine Biene.

b) Der kleinste Kolibri der Welt.

c) Ein besonders bunter Schmetterling.

11 Wann verlässt ein Faultier seinen Baum?

a) Wenn es zu heiß ist.

b) Wenn es zu viel regnet.

c) Wenn es mal muss.

12 Wie heißt die größte Stadt im Regenwald?

a) Moskau

b) Manaus

c) Madrid

Lösung: 10b), 11c), 12b)

Bildquellennachweis

Archiv Tessloff: 3m, 4-5Hg., 9m, 10, 13ur, 15or, 16-17u, 17or, 19mr, 22mr, 23om, 29mr, 33ur, 37mr, 41om, 45mr, 48ur, 51om, 58or, 60o, 65, 66-67, 71ur, 72-73u, 73or, 75mr, 78ur, 83or, 90ur, 94mr, 98ur, 103, 106ur, 109o, 116ur, 121or, 122-123, 124ml; **Flickr**: 32or (PD/Mark 1.0/quiquefepe), 44o (CC BY-SA 2.0/MONUSCO Photos), 81um (Fingertier: CC BY-SA 2.0 - Fingertier/anmede); **Getty**: 50o (Arctic-Images); **NASA**: 49ol (JPL/Public Domain); **picture alliance**: 47ur (epa/afp/dpa-Fotoreport/Gabriel Bouys), 107ur (dpa | Michael Schöner); **Schmeling, Michael**: 14o (www.aridocean.com), 26or (www.aridocean.com), 29or (www.aridocean.com), 31or (www.aridocean.com), 34ur (www.aridocean.com); **Shutterstock**: 6-7 (Fotos593), 8-9Hg. (LukaKikina), 11or (saraporn), 11mr (Rtstudio), 12m (Andrea Danti), 15u (snomedia), 16mr (Lorcel), 16or (Valeriy Poltorak), 18mr (Marisa Estivill), 18ul (Puripat Lertpunyaroj), 19or (DihooTro), 20m (Tomas Rebro), 21or (Ugu), 21u (kavram), 22ul (Bonita R. Cheshier), 24-25 (Alexander Mazurkevich), 26u (Romas_Photo), 27or (Gustavo Fraza), 27ur (Sailorr), 30u (Benedikt Juerges), 31ol (K.Narloch-Liberra), 33ol (Ondrej Prosicky), 33or (Dragosh Co), 34ul (Robynrg), 35o (Kane513), 36ul (Daniel Prudek), 38ur (tsuneomp), 40u (Gertjan Hooijer), 42-43 (Fishman64), 46or (Thermometer: ekapotfotothai), 46mr (Fernglas: Evgeny Karandaev), 46ul (Fotofermer), 47ml (Rucksack und Schuhe: Sergey Mironov), 47ul (Gasmaske: Kletr), 49ur (Cico), 52-53 (lucky vectorstudio), 54u (Elena Photography Bali), 55mm (Rohdiamant: Matteo Chinellato), 55mr (Geschliffener Diamant: everything possible), 55m (Bergwerk: Akimov Igor), 56or (Kupfer: Panayot Savov), 56mr (Olivin: Jiri Vaclavek), 56m (Beryll: Albert Russ), 56ur (Pfeilspitze: Stefan Malloch), 57o (Francesco Bonino), 68-69 (Chokniti Khongchum), 70ul (Teo Tarras), 71o (Unai Huizi Photography), 74ur (Gwoeii), 75or (haveseen), 76or (Imagentle), 76ur (Cavan-Images), 77mr (hagit berkovich), 78ul (Mari-Leaf), 79or (worldclassphoto), 80mr (DSlight_photography), 80ur (Ondrej Prosicky), 81or (Jurgen Vogt), 81ur (Lemur: KAMONRAT), 82ol (Katesalin Pagkaihang), 82ur (Baumkänguru: Frank Fichtmueller), 82ur (Baumfarne: S.Borisov), 84-85 (biletskiyevgeniy.com), 86-87 (Zeichnung Stockwerke: VectorMine), 86ml (abxyz), 86um (Jaguar: GUDKOV ANDREY), 87ol (Ara: Emilian Danaila), 87mr (Schmetterling: Flying Mouse), 87ul (Baumpython: Tibor Toth), 88u (Ken Griffiths), 89or (Tapire: Poring Studio), 89u (Torsten Pursche), 90o (tarake), 91ul (belizar), 91ur (COULANGES), 92ul (Spannerraupe: Reimar), 92ul (Blattheuschrecke: Maiapassarak), 92um (Natter: fivespots), 92ur (Korallenschlange: Ryan M. Bolton), 93o (Ondrej Prosicky), 94o (kungverylucky), 95or (Vaclav Sebek), 95ul (Alfredo Maiquez), 96ml (Ken Griffiths), 96ur (Longjourneys), 97or (Zaruba Ondrej), 97ml (Xavier MARCHANT), 97ur (Sunti), 98ol (Sorn340 Studio Images), 99or (Olaf Oczko), 99ur (Miguel Lincango), 100um (Aguti: Diegomezr), 100ur (Paranussbaum: guentermanaus), 101or (Ondrej Prosicky), 102mr (AVETPHOTOS), 104or (EQRoy), 104ul (Elmar Langle), 104ur (kamomeen), 105or (Yuri Gurevich), 106or (Dirk Ercken), 107or (Kitty Bern), 108or (Melinda Fawver), 108ul (Anna ART), 110-111 (Ammit Jack), 112or (Yasemin Olgunoz Berber), 112ur (Daniel Gjula-Lyonnais), 113ur (Joa Souza), 114ol (Anna ART), 114or (pingebat), 115ul (Bananenstaude: leungchopan), 115um (Kaffeebaum: Thongden Studio), 115ur (Vanillepflanze: Kletr), 115ur (Vanilleblüte: Kovaleva_Ka), 115um (Banane: bergamont), 115um (Kaffeebohne: Anucha Tiemsom), 116o (natthawut ngoensanthia), 117or (ULKASTUDIO), 117ul (CYSUN), 118 (Toa55), 119u (Thammanoon Khamchalee), 120o (bellena), 120ur (aga7ta), 121ur (Monkey Business Images), 125ur (Torsten Pursche), 126 (tarake), 127 (kungverylucky); **Thinkstock**: 47ol (Hammer und Lupe: tiero); **Wikipedia**: 19ul (CC BY-SA 3.0/Chmee2/Valtameri), 28ul (PD/Mike Doukas/USGS Cascades Volcano Observatory), 28-29u (CC BY 3.0/Gregg M. Erickson), 32ol (PD/NOAA/USGov/http://www.ngdc.noaa.gov), 36ur (PD/http://earth.jsc.nasa.gov/sseop/efs/lores.pl?PHOTO=STS61A-50-57), 37um (PD/NOAA (National Oceanic and Atmospheric Administration)), 37ur (PD/NOAA (National Oceanic and Atmospheric Administration)), 38ul (PD/NASA/Corbis), 39or (PD/NASA), 39ur (PD/NASA/JPL, SSV, MIPL (image processed by Jcpag2010)), 39ul (PD/USGOV-NASA/Jet Propulsion Laboratory)
Umschlagfotos: Shutterstock: U1o (Rainer Albiez), U4o (LukaKikina), U1u (Martin Pelanek), U4u (Curioso.Photography)

Text: Christina Braun
Lektorat: Sonja Meierjürgen
Illustrationen: Antonia Griebel, Marie Gerstner
Bildredaktion: Susanne Wiechert, Katja Filler, Christine Schmidt-Rudloff
Gestaltung: Simone Först, Ruth Koch, Jennifer Wunderwald
Umschlaggestaltung: Jennifer Wunderwald

ISBN 978-3-7886-8121-0